DÉBUT : 'UNE SÉRIE DE DOCUMENTS
EN COULEUR

QUELQUES OBSERVATIONS

BASÉES SUR DES FAITS HISTORIQUES CONCERNANT LA

GUERRE ANGLO-BOËR

HISTOIRE DU TRANSVAAL EN 3 SECTIONS

1° LA PÉRIODE AVANT L'ANNEXION

2° L'ANNEXION

3° LA PÉRIODE APRÈS L'ANNEXION

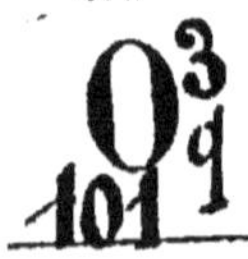

1900

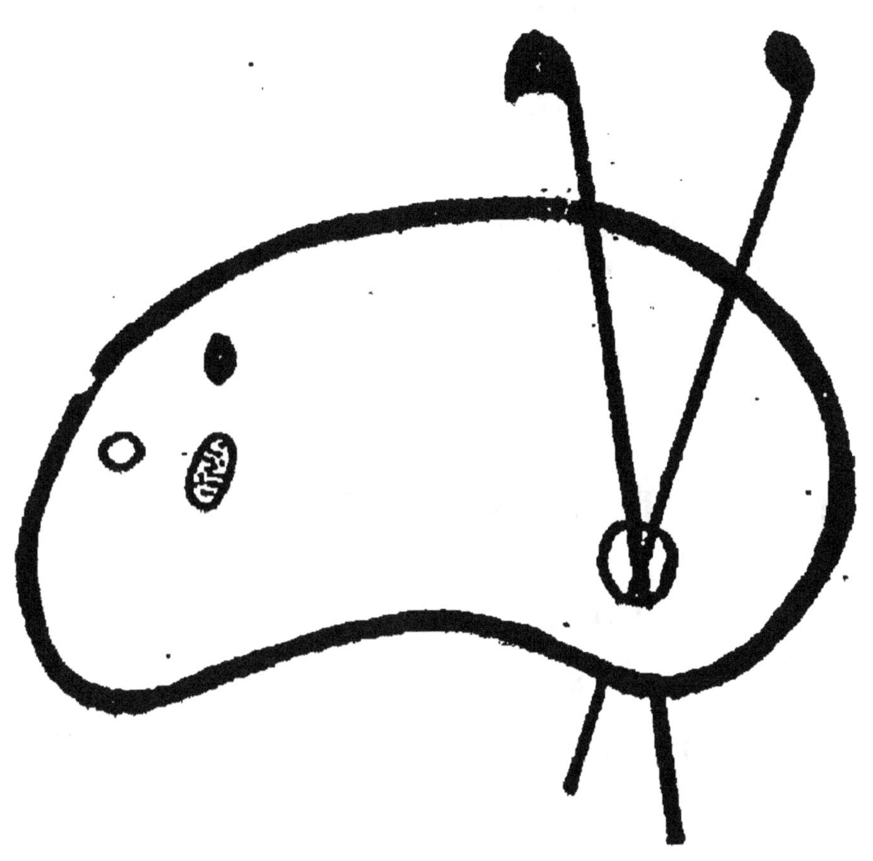

FIN D'UNE SERIE DE DOCUMENTS
EN COULEUR

QUELQUES OBSERVATIONS

BASÉES SUR DES FAITS HISTORIQUES CONCERNANT LA

GUERRE ANGLO-BOËR

HISTOIRE DU TRANSVAAL EN 3 SECTIONS

1° LA PÉRIODE AVANT L'ANNEXION

2° L'ANNEXION

3° LA PÉRIODE APRÈS L'ANNEXION

1900

QUELQUES OBSERVATIONS

BASÉES SUR DES FAITS HISTORIQUES CONCERNANT LA

GUERRE ANGLO-BOËR

Nous diviserons l'histoire du Transvaal en trois sections :

1° *La période avant l'annexion ;*
2° *L'annexion ;*
3° *La période après l'annexion.*

LA PÉRIODE AVANT L'ANNEXION

L'esclavage fut aboli dans toutes les possessions anglaises en 1834. L'émancipation des esclaves a eu comme conséquence une crise industrielle au Cap et aux Indes Orientales, et provoqua une plainte très sérieuse, jusqu'à un certain point, très légitime de la part d'un grand nombre de détenteurs d'esclaves. Au Cap, ceux qui employaient des esclaves se composaient principalement de fermiers hollandais ; leur objection à l'abolition de l'esclavage était non seulement la dislocation de leur industrie mais aussi le prix élevé de la main-d'œuvre qui, nécessairement, par cette mesure, se trouverait augmentée considérablement. Il existait aussi d'autres griefs (un peu semblables à ceux dont les « Uitlanders » ou *Étrangers* se plaignent aujourd'hui). Les Hollandais du Cap ne constituèrent jamais une communauté libre. Avant la conquête des Anglais, ils étaient sous le régime arbitraire de la Hollande, les historiens sont d'accord sur ce point : qu'après le transfert des colonies hollandaises à l'Angleterre, les institutions sous lesquelles les colons étaient assujettis étaient incontestablement plus libérales qu'auparavant. Néanmoins une grande partie de la population hollandaise du Cap, décidèrent à émigrer dans une contrée de l'Afrique du Sud (très peu connue à cette époque).

En 1836, une loi fut votée par le Parlement anglais par laquelle tous délits causés par les blancs dans n'importe quelle partie ou contrée au sud du 25ᵉ degré de latitude, seraient du ressort des tribunaux du Cap. Ce 25ᵉ degré de latitude est la limite de la frontière de Delagoa Baie ; alors, comme aujourd'hui, une possession portugaise. Mais, il y eut une exception à cette loi pour les portions de terrain portugaises qui pourraient se trouver en dehors de cette latitude. (A cette époque on n'avait pas de connaissance exacte de limites ou frontières, cette exception avait pour but d'éviter des froissements avec le gouvernement portugais.)

Les émigrants Boërs de la colonie du Cap furent avertis que dans les limites de l'influence britannique, ils ne pourraient se dévêtir de leur qualité de sujets britanniques, ni établir d'autre gouvernement que celui du gouvernement britannique. Ces avertissements ont été enregistrés et peuvent être vérifiés en parcourant les documents officiels. C'était donc avec connaissance de cause et par une entente mutuelle (c'est-à-dire qu'ils ne pouvaient pas s'émanciper du gouvernement britannique, sauf en pénétrant dans le territoire portugais). Le grand « Trek » eut lieu en 1836-1837.

Les fermiers émigrants allèrent d'abord vers le nord et

passèrent le fleuve d'Orange et une portion de cette expédition parvint, après de grandes difficultés, à pénétrer dans Delagoa Bay. La majorité s'établit sur les terrains élevés de l'Orange et du Vaal, après des batailles sanglantes avec les « Matabeles ». Les autres passèrent au-delà des montagnes du « Drakensberg » jusqu'au Natal, où les « Zoulous », sous la direction de leur chef « Dingaan », exercèrent sur ces émigrés une tyrannie sauvage et cruelle. Ici, après massacre sur massacre, ces Boërs fondèrent une petite colonie, connue (pendant une courte période) sous le nom de « République hollandaise de Natalie », là où se trouve actuellement « Pietermaritzburg ». Cette colonie ne fut pas reconnue par le gouvernement britannique et les chefs Boërs furent de nouveau avertis, qu'étant sujets britanniques, il ne leur était pas permis d'établir d'autre forme de gouvernement sur le territoire britannique.

Le froissement qui existait alors entre les émigrés hollandais et les races indigènes (protégés par le gouvernement anglais) amenèrent les Boërs du Natal en contact avec les troupes britanniques. Ceci eut pour résultat l'annexion en 1843 du Natal, qui fut déclarée possession anglaise, afin d'assurer la « paix, protection et le contrôle salutaire » de toutes races situées autour de cette partie importante de l'Afrique méridionale. La République du Natal prit fin, et la majorité des Boërs se retirèrent de l'autre côté des montagnes et rejoignirent leurs concitoyens hollandais sur les plateaux de l'État libre d'Orange. La population hollandaise actuelle du Natal sont ceux qui restèrent.

Dans la même année 1843, le gouvernement anglais (dans le but philanthropique de protéger et reconnaître les tribus indigènes) entama une série de négociations ou traités (connus sous la dénomination « Napier treaties ») qui eurent pour résultat le ralliement de plusieurs états indigènes, qui s'étendaient de cette contrée (connue aujourd'hui sous la dénomination de « Pondoland ») jusqu'aux frontières du Natal, à travers les montagnes et côtoyant le fleuve de l'Orange jusqu'au territoire, dont « Kimberly » forme le centre. Le « Basutoland » (ou contrée de la tribu des Basutos) est le seul de ces états qui soit resté sous sa constitution primitive.

Ainsi furent établies, dans l'Afrique méridionale anglaise, les limites définitives reconnues par la loi internationale moderne. Par conséquent, il y avait « Suzeraineté directe » dans le Cap et dans le Natal ; protectorat dans les États indigènes et une sphère d'influence qui s'étendait jusqu'au 25ᵉ degré de latitude. En 1847, il y eut une modification du traité de 1843, et le 3 février 1848, le territoire situé entre les fleuves l'Orange et le Vaal, fut annexé sous la dénomination de « Suzeraineté de la Rivière d'Orange ». Il y eut alors de l'irritation entre les fermiers émigrés et le gouvernement britannique qui ne fit que s'aggraver. Une partie de ces émigrés élurent un nommé Andries Prétorius commandant, et se mirent sous les armes dans l'intention d'établir l'indépendance de cette colonie. Une bataille fut livrée à Boomplatz, le 29 août 1848. Les émigrés furent battus. La suzeraineté de la Grande-Bretagne fut de nouveau reconnue et comme auparavant, la portion hollandaise hostile au gouvernement se retira. Ils émigrèrent, toujours sous la direction de Prétorius, dans la contrée au nord du Vaal. Ils furent encore avertis que ce territoire était dans la limite de l'influence britannique. La population hollandaise actuelle de l'État libre d'Orange, se compose des descendants de ceux qui optèrent pour le gouvernement anglais et qui furent renforcés par des émigrés du Cap. Voilà la formation de la colonie de l'Etat d'Orange. La population de cette colonie fut donc, de ce fait, disposée à reconnaître les avantages que lui offrait le gouvernement anglais. Les irréconciliables et turbulents se replièrent sur le Transvaal. Ceux-ci n'étaient pas moins antagonistes à leurs concitoyens qu'ils ne l'étaient au gouvernement et les relations entre les deux camps de hollandais étaient très tendues en conséquence. La race des hollandais du Transvaal a été, dès le début, et dans une certaine mesure, différentielle à celle des hollandais de l'Afrique du sud, et l'histoire du Transvaal forme un chapitre à part. L'existence autonome de la province du Transvaal fut établie dans les conditions suivantes : Dans les premières années de la suzeraineté de la Rivière d'Orange, le gouvernement britannique récolta des résultats de l'encouragement qu'il avait donné aux prétentions indigènes. Les Hottentots, Tembuo, Kosas, Basutos, durent être subjugués tour à tour, avec de grands sacrifices d'armes et d'argent. Entre temps surgirent les difficultés de la guerre de Crimée ainsi que la situation tendue sur le continent d'Europe. En janvier 1852, une commission fut envoyée à la suzeraineté d'Orange. Elle rencontra les représentants des fermiers émigrés du Vaal au bord de la rivière « Sand River », sur la limite de la province d'Orange et une convention, dénommée la « Sand River convention », fut signée le 17 janvier 1852. Les principales conditions de cette convention furent établies dans ce sens : La Grande-Bretagne était disposée à reconnaître (dans les limites de sa sphère d'influence) l'indépendance des fermiers émigrés au-delà du Vaal ; il fut bien entendu qu'il y aurait liberté absolue aux commerçants et missionnaires pour voyager et traiter leurs affaires sur les deux rives du fleuve et qu'il n'y aurait point d'esclavage dans la province du Transvaal. Désireuse de mener tout à bonne fin et dans l'intérêt de toutes les parties, et ayant donné aux Transvaaliens leur indépendance, l'Angleterre retira la suzeraineté de la Reine de l'État libre d'Orange en 1854. Ceci fut dû à l'initiative du gouvernement britannique et en opposition même au désir de la population de l'État de l'Orange. Ceux-ci en exprimèrent leur désir, en envoyant aux représentants du gouvernement britannique, une commission de 95 délégués. Beaucoup d'habitants déclarèrent leur intention de hisser le drapeau anglais et de se mettre sous les armes en attendant que le gouvernement ait mûrement réfléchi avant de prendre une décision finale. Malgré tout, l'indépendance de l'État d'Orange fut proclamée le 30 janvier 1854. En résumé, l'indépendance de ces deux colonies fut accordé par l'Angleterre sous des conditions et des conventions auxquelles on devait attacher toute l'importance qu'elles méritaient. Ces conditions, comme les précédentes étaient basées sur ce point essentiel : liberté pleine et entière pour les races blanches et noires dans tous les territoires concédés. Dans le cas de l'État libre d'Orange, ces conditions sont supposées avoir été généralement observées, jusqu'au commencement de la crise actuelle, les relations entre cet État et le gouvernement anglais ont été amicales. Dans le cas de l'État du Transvaal, les conditions stipulées et signées lors de la convention du « Sand River » ont été ignorées dès le début. Sous la dénomination d' « Apprentis », un véritable système d'esclavage était organisé et pratiqué. Ces apprentis étaient des indigènes — généralement faits prisonniers dans les guerres contre les tribus indigènes — ils étaient *légalement* forcés à travailler sans rémunération et ne pouvaient changer de maître sans consentement (une loi fut créée, à cet effet, en 1856). Comme témoignage de ce qui est ici avancé, on peut s'en rendre compte d'après les documents officiels que Khama, chef des Basutos, adressa au gouvernement anglais. « Les Boërs, écrivit « Khama, viennent dans mon pays, je ne les aime pas. « Leurs actes sont cruels pour nous, noirs. Nous sommes « comme de la monnaie courante. Ils nous vendent, nous « et nos enfants. La coutume des Boërs a toujours été de « vendre des gens, et aujourd'hui ils le font encore. « L'année dernière, je les ai vus passer avec deux cha- « riots chargés de noirs qu'ils avaient achetés sur la ri- vière à Tanane ». (Ceci se passait en 1876.) Un pasteur de l'église hollandaise, écrivant à ce sujet dans un livre publié à Utrecht en 1869, décrit l'œuvre de ce système d'apprentis comme constituant *l'esclavage dans toute l'acception du mot*. Un missionnaire allemand, que le président Burgers demanda de faire un rapport en 1875, concluait en ces termes : « Si l'on me demande de dire « consciencieusement si cet état de trafic d'esclaves « existe et est pratiqué depuis 1852 avec l'assentiment « du gouvernement du Transvaal, je dois répondre dans « l'affirmatif. » L'évidence frappante de ce qui est ici avancé est la proclamation faite par Prétorius (le fils du commandant de 1859) sept ans après la convention du « Sand River ». Il dit qu'il est urgent de rappeler les termes de cette convention contre l'esclavage aux magis- trats pour qu'ils les fassent observer.

La liberté pleine et entière (une condition de la con- vention) pour les commerçants et les missionnaires de résider et de voyager ne fut pas de longue durée. Le traitement que le Dr Livingstone dut subir aux mains des Boërs est bien connu. Sa station de mission fut attaquée et dévalisée. Lui-même n'échappa à la mort que par accident. Cinq autres missions furent traitées de la même manière. Une loi fut votée, empêchant les Allemands et les Anglais d'être détenteurs de terrains. Entre temps l'anarchie se développait et des camps rivaux se disputaient le pouvoir principal. Le Transvaal fut divisé en quatre républiques : Potchefstroom, Zoutspansberg, Lydenburg et Utrecht. Ces quatre républiques étaient indépendantes l'une de l'autre ; elles réussirent, néanmoins, à établir entre elles une entente de lois communes par l'élection d'un Volksraad, ou assemblée législative. Mais l'anarchie prit encore de plus grandes proportions pendant les huit années qui suivirent la déclaration d'indépendance. Pendant ce temps, les relations entre le Transvaal et l'Etat libre d'Orange devinrent tellement tendues que Paul Kruger se mit à la tête d'une force armée contre ses voisins hollandais. En 1860, les quatre républiques fusionnèrent sous un seul président, mais peu de temps après, une guerre civile éclata, et ce n'est qu'en 1864 que le gouvernement de l'Afrique du Sud fut définitivement établi sous la présidence de Martinus Prétorius. Paul Kruger devint commandant général. Une réminiscence de cette période pendant la durée des quatre républiques est décrite dans un ouvrage intitulé « Vierkleur » (Drapeau à quatre couleurs du Transvaal). De 1864 à 1871, il y eut fréquemment des guerres entre les races blanches et noires. Une tribu puissante, habitants des montagnes, harcelaient les Boërs et il fallut quatre années au commandant Kruger pour leur tenir tête. Les ressources manquaient. La prolongation de ces hostilités amena des impôts excessifs, et la population était accablée par une guerre incessante. En 1871, le président, impuissant à surmonter ces difficultés, consentit à soumettre la question de frontières à l'arbitrage britannique et accepta l'intervention de M. Keate, gouverneur du Natal. A la suite de cette intervention, la limite de territoire fut reconnue, ainsi que l'indépendance de tribus voisines, et l'abandon d'une contrée dans le voisinage de mines de diamants, que le Transvaal prétendait posséder. La dissatisfaction des Transvaaliens était telle que le président Prétorius donna sa démission, et fut remplacé par M. Burgers (un homme doué d'une intelligence et d'une culture supérieures). J'ai dit plus haut que les ressources manquaient ; il y avait des impôts excessifs ; les fonctionnaires étaient rarement payés. Il n'existait point de ponts, peu de routes, pas d'édifices publics, ni télégraphe, ni écoles. Les fonds du trésor épuisés. Le président Burgers s'efforça à remédier à cet état de choses. Il vint en Europe et réussit à faire un emprunt, autorisé par le Volksraad, pour la construction d'un chemin de fer. Il embaucha des instituteurs européens dans le but d'établir un système d'éducation. Mais son peuple, grossier d'origine, était devenu démoralisé à un point presque barbare, après vingt années d'isolation d'influences civilisées. Ils s'étaient associés (?) aux Cafres, leurs mœurs les avaient plus ou moins assimilés aux indigènes et le président Burgers rencontra de la résistance dans ses projets à cause de ces conditions qui prirent le dessus. Une autre guerre indigène éclata ; une tribu voisine ayant à sa tête le chef formidable Sikukuni, marcha contre les Boërs et le pays était épuisé par ces conflits incessants. Le président lui-même se mit à la tête d'une force armée contre Sikukuni, mais ses hommes refusèrent d'aller de l'avant. Il résolut d'adopter un système de solde pour les soldats. Pour faire face à cet expédient, il fallut encore augmenter les impôts qui ne purent être encaissés. C'était la faillite. Les intérêts sur la dette publique ne furent pas payés. Les billets de L 1.0.0 issus par le gouvernement comme monnaie courante tombèrent à la valeur de 1 shilling. Sans argent, sans hommes, avec un ennemi triomphant à la frontière, la position du Transvaal devenait désespérée. Profitant de ce moment critique, les tribus avoisinantes attaquèrent les Boërs de tous côtés. Sikukuni et d'autres chefs de tribus étaient aux armes au nord-est, au nord et à l'ouest. Les Matabeles (quoique repoussés dans la contrée connue maintenant sous le nom de Matabeleland) étaient constamment aux aguets. Les Zoulous, sous Cetewayo, avaient déclaré leur intention de faire l'invasion du Transvaal par le sud. Dans cette extrémité, une importante section représentant le pays et ayant à sa tête les principaux fonctionnaires, firent une démarche et demandèrent aide et protection à la Grande-Bretagne. Il ne peut exister aucun doute dans l'esprit de celui qui consulterait les rapports et documents officiels relatifs à l'annexion du Transvaal, que sans l'intervention, plusieurs fois répétée, de la Grande-Bretagne, cet Etat aurait cessé d'exister. Il n'est pas sage de discuter la guerre actuelle, ni de prendre parti pour ou contre, sans être au courant de certains faits. C'est ce que l'écrivain a voulu avancer, sans parti pris et les observations qu'il a énumérées sont basées sur des faits historiques et n'ont rien d'exagéré.

ANNEXION

Le président Burgers, quelques semaines avant l'annexion, dit aux membres du Raad que c'étaient les Boërs eux-mêmes qui avaient causé la ruine du pays. « Vous, dit-il, avez maltraité les indigènes, vous les avez

« fait fusiller, vous les avez vendus en esclavage, et
« maintenant c'est vous qui en subissez les conséquen-
« ces. Nous ne tolérons pas les barbarités des Cafres sur
« nos frontières; pas plus l'Angleterre ne tolérera l'anar-
« chie et la rébellion dans un état sur leur frontière. » Il
ajouta « qu'au lieu de prétendre que la triste position
de leur pays était due à leur manque de foi en Dieu ! »
il les conseillait d'arriver à un arrangement avec la
Grande-Bretagne, d'y aller carrément et virilement. Il y
eut une pétition en faveur de l'annexion. Cette pétition
fut couverte par 3.000 signatures parmi les 8.800 habitants mâles au Transvaal. L'acte d'annexion fut proclamé
le 12 avril 1877. Peu de temps après, les principaux fonctionnaires, Paul Kruger en tête (mais avec l'exception du
commandant actuel, le général Joubert) devinrent fonctionnaires du gouvernement anglais. Le président Burgers
se retira au Cap.

Une amélioration notable fut le résultat de l'annexion et
les difficultés financières du Transvaal furent dissipées. Une
ère de prospérité se fit sentir, et une émigration de commerçants et autres vinrent dans cette colonie, apportant
leurs capitaux et leur énergie. Le pays fut occupé par des
troupes anglaises et mis à l'abri d'insurrections des tribus
d'indigènes voisines. L'Angleterre entama une campagne
contre les Zoulous qui eut pour résultat la destruction du
pouvoir militaire de l'ennemi le plus redoutable du
Transvaal, et qui coûta à l'Angleterre £6.000.000 (150 millions). (Ceci se passait en 1879.) Le pouvoir de Sikukuni
fut maté et à la fin de 1879, toutes les causes et conditions
sérieuses qui avaient déterminé les autorités responsables
du Transvaal à demander l'annexion furent dissipées.
Ayant maintenant obtenu tous ces avantages, le peuple du
Transvaal s'efforça, de nouveau, de regagner leur indé-

pendance. Ils se sentaient de force à lutter contre les exigences de leurs voisins ! Une pétition monstre portant 6500 signatures (beaucoup d'entre elles ayant figuré sur celle demandant l'annexion) fut envoyée en Angleterre, demandant que l'annexion fût supprimée. En novembre 1879, M. Gladstone commençait sa campagne électorale dans le Midlothian (Ecosse) et dans un de ses discours à ses constituants condamna l'annexion du Transvaal, et se porta garant (dans le cas où il serait élu au pouvoir) de répudier l'action du gouvernement. Comme illustratif de l'importance attribuée à cet incident, par le camp Gladstonien, des passages du discours furent reproduits sur feuilles détachées et distribués dans toutes les régions du Transvaal. Ces paroles furent naturellement reçues par les Boërs et acceptées comme une invitation à la révolte. En mars 1880, à la dissolution du Parlement, M. Gladstone arriva au pouvoir. Les Boërs qui lui avaient adressé l'expression de leur sympathie lorsqu'il faisait partie de l'opposition du gouvernement, s'attendirent, maintenant qu'il était au pouvoir, à ce qu'il s'exécutât. Mais dans le discours de la Reine (lorsque le nouveau Parlement fut convoqué) il fut stipulé que la Grande-Bretagne maintiendrait sa suprématie sur le Transvaal. La communication de cette détermination fut envoyée par dépêche au représentant du gouvernement du Transvaal.

Un grand « meeting » eut lieu à Paardekraal et Paul Kruger, Prétorius et Joubert furent élus par le peuple et constitués en un *triumvirat*, pour diriger les affaires du gouvernement, et le 16 décembre 1880. l'indépendance fut de nouveau proclamée. Une guerre suivit et termina le 27 février 1881, par la défaite des armes anglaises à Majuba Hill. 420 soldats anglais furent mis en déroute et refoulés par une bande de 150 Boërs qui occupaient une position imprenable.

Dans le principe, il faut l'admettre, ce n'était pas l'intention de l'Angleterre d'annexer le Transvaal en avril 1877 ; à la suite de la défaite de Majuba, le gouvernement libéral anglais résolut d'accéder à la nouvelle demande du peuple du Transvaal. Le pays leur fut rendu, mais avec des conditions bien stipulées. Les blancs de toute nationalité auraient des droits égaux avec les burghers du Transvaal, pour résider, circuler et suivre leur vocation de commerce, et en outre, ils ne seraient sujets à aucune taxe spéciale. Les noirs auraient leur liberté, et leurs intérêts seraient sauvegardés par certaines clauses. (Ces conditions, du reste, étaient identiques à celles acceptées, reconnues et signées à la convention du « Sand River » c'est-à-dire : droits égaux pour les blancs, et liberté pour les noirs.) M. Kruger était l'orateur pour le « triumviral » lorsque les négociations pour la paix furent entamées et il garantit que l'égalité en matières politiques serait maintenue. Confiants en sa promesse, les négociateurs anglais n'exigèrent pas qu'une mention spéciale concernant les droits politiques fût insérée dans le contrat. Cette convention fut signée en août 1881.

Il est incontestablement reconnu et admis que, même si le Transvaal aurait pû survivre et surmonter tous les obstacles, la Grande-Bretagne a accompli pour le Transvaal dans l'espace de trois années, ce que ce pays aurait pris à le faire en 30 ans. Il est incontestable aussi, et on doit en toute justice le reconnaître, que ce n'est pas par convoitise que l'annexion a eu lieu, mais bien sur la demande des Boërs eux-mêmes. On peut admettre que l'Angleterre ait fait une « gaffe » en accordant l'indépendance au Transvaal, mais on doit admettre aussi que ce fut une « gaffe » généreuse. Les intérêts britanniques ont énormément souffert de cette « gaffe », mais ce fait par lui-même devrait placer l'Angleterre à l'abri des insinuations, tendant à faire suspecter sa bonne foi en cette circonstance, et à l'accuser injustement d'avoir opprimé le peuple du Transvaal.

APRÈS L'ANNEXION

Dans l'année qui suivit la convention de 1881, M. Kruger fut proclamé président. Avant l'annexion, le Transvaal n'existait, pour ainsi dire, pas comme état. Son histoire antérieure à l'annexion a été l'histoire du président Kruger. La république de *nom* a été réellement un despotisme trempé de corruption par lequel cet homme remarquable a pu en conserver tout le contrôle entre ses mains. Ce n'est pas trop dire que depuis le jour de son élection, la politique du Transvaal a consisté à éluder les conditions de ses engagements avec l'Angleterre. Quelques mois seulement après la convention, des bandes armées de Boërs (que les autorités de Prétoria prétendirent ne pouvoir réprimer) firent irruption sur la frontière et deux ans après, ils fondèrent deux républiques qu'ils nommèrent « Stellaland » et « Goshen ». Le gouvernement du Cap tenta d'arranger l'incident amiablement mais sans résultat ; il fut nécessaire d'envoyer une expédition armée et commandée par Sir Charles Warren qui réusssit à terminer l'affaire sans effusion de sang. (Cette rupture de la convention coûta à l'Angleterre environ £ 2.000.000) (cinquante millions). De plus, les clauses de la convention concernant la liberté des indigènes furent ignorées à un tel point que les Boërs livrèrent une bataille à « Mapoch », chef d'une tribu du Nord. 8000 noirs furent pris (volés) en esclavage sous la dénomination d'Apprentis. Les affaires financières du Transvaal étaient, de nouveau, devenues précaires et menaçaient ruine, et les Boërs des campagnes refusèrent de payer les impôts ! (1885). L'année suivante, la présence de gisements d'or fut constatée à Witwaterstrand, et à partir de ce moment, l'avenir du Transvaal prit un essor nouveau.

Il est impossible de relater ici l'histoire du développement des mines de Johannesberg, ce serait trop long. Il suffit de dire, ce qui est l'exacte vérité, que la prospérité du pays du Transvaal fut effectuée entièrement par l'esprit d'entreprise, l'énergie des étrangers, connus sous le nom générique de Uitlanders et qui se composait en majeure partie de sujets britanniques. La population hollandaise du Transvaal n'a *jamais* participé en *aucune manière*, au développement et à l'exploitation de l'industrie minière. Ces deux populations : les Transvaaliens et les Uitlanders, se sont établies à côté l'une de l'autre et un Transvaal nouveau naquit de l'ancien? Avec l'extension de l'industrie de l'or, la population Uitlander augmenta. Vers la fin de 1895, les émigrants affluèrent dans le Transvaal à raison de 1.000 par semaine.

De ces deux populations distinctes, l'une contribua à apporter dans le pays toute l'énergie industrielle, par laquelle le développement des ressources de ce pays fut de ce fait assuré; l'autre se réservant tous les droits de gouverner ainsi que les émoluments de fonctionnaires et positions officielles. Il suffit de constater par soi-même, que la continuation de cet état de choses était dans l'impossibilité de continuer. Il suffit d'appliquer ces conditions au plus stable des gouvernements d'Europe et se demander franchement: Quel serait son sort s'il s'aventurait à gouverner au mépris de toute la fortune, toute l'énergie et de tous les intérêts industriels de son pays.

Nous donnerons quelques chiffres qui aideront à former une idée du développement du Transvaal à partir de cette époque. La position financière du Transvaal en 1884 était dans une mauvaise situation. La dette nationale était de £ 396.000 (9 millions neuf cent mille francs) sans sécurités ! Les recettes £ 143.000 (trois millions cinq cent soixante-quinze mille francs). Les dépenses L 184.000 (quatre millions six cent mille francs). Les dépenses exédaient les recettes d'environ vingt-cinq pour cent. En 1897, avant qu'il ne soit question de la guerre actuelle, les recettes se chiffraient par

L. 4.480.000   (fr. 112.000.000)

et les dépenses

L. 4.394.000   (fr. 109.850.000)
—————————   —————————
L   86.000   (fr.   2.150.000)

L'intérêt sur la dette publique était de

L 3.000.000   (fr.   75.000.000).

En 1884, le salaire des fonctionnaires de l'Etat, par un effet de circonstances était une quantité négligeable (?) mais en 1886, la somme payée en salaires aux employés de l'Etat était de L 51.000 (1 million 275 mille francs). 13 ans après ce compte représentait L 1.216.394 (30 millions 409.850 francs). Cette dernière somme, d'après de récents calculs, serait suffisante pour assurer, par chaque tête d'homme adulte au Transvaal, une rente de L 40 (mille francs).

Un tel développement dans l'exploitation des ressources du pays était dû, en grande partie, à l'influence du gouvernement anglais. La grande fortune du pays provenait des mines d'or, les recettes du trésor augmentèrent graduellement. En 1887, une année après l'ouverture de la mine de Witwaterstrand, la valeur en rendement d'or s'élevait à L 500.000 (12 millions 500 mille francs). L'année dernière, elle atteignit £ 16.000.000 (400 millions).

C'était à prévoir que la population des Uitlanders chercherait à exercer une certaine pression vis-à-vis du gouvernement du pays dans le but d'obtenir certains avantages qui leur étaient refusés, malgré les conditions réitérées des conventions antérieures. Si M. Kruger eût accepté leurs avances et s'était rendu compte de la sagesse d'incorporer l'élément nouveau sur un même pied que l'ancien, le progrès et la prospérité du Transvaal aurait été encore bien plus considérable qu'il ne l'est actuellement. Son indépendance comme « République cosmopolite » aurait été certainement assurée. L'histoire des griefs des Uitlanders, de leurs vains efforts pour obtenir des réformes légitimes (par des méthodes constitutionnelles) et de leur recours final au gouvernement anglais (dans leur qualité de sujets britanniques) a été assez démontrée au public depuis quelque temps, sans qu'il soit nécessaire d'y revenir. Mais M. Kruger refusait aveuglément de constater les grands avantages qui se trouvaient à sa portée. L'Angleterre aurait été bien aise de coopérer. avec lui, au rétablissement et au développement de l'Etat du Transvaal. Mais ce qu'elle ne pouvait pas admettre, c'était l'extension de cet Etat à ses dépens. C'est un fait reconnu, qu'une organisation de forces Transvaaliennes fut entreprise par des agences allemandes et il existait certaines indications qui faisaient supposer le désir de M. Kruger à se procurer l'alliance de l'Allemagne en vue d'une opposition armée contre l'Angleterre. La quantité colossale d'armes et de munitions de guerre qu'on savait entrées au Transvaal et la construction de forts près de

Prétoria et de Johannesburg formaient matière à considération. Un des griefs légitimes des Uitlanders était que leurs ressources étaient employées pour la construction de ces forts et pour l'équipement d'une armée qui ne pourait servir qu'à combattre leurs propres intérêts.

En 1895, les relations entre le gouvernement Boër et la population Uitlander devinrent tellement tendues qu'il fallait choisir entre la réforme et la révolution. Dès l'année 1892, M. Kruger, lui-même, répondit à une délégation de Uitlanders : « Retournez et dites à votre « peuple que je ne leur céderai *jamais* rien ; je ne chan- « gerai jamais ma politique; et maintenant que l'orage « éclate ! » En 1894, le Raad confirma l'attitude du président, lorsqu'il reçut encore une pétition des Uitlanders couverte par 35.000 signatures en faveur du redressement de leurs griefs. Il leur fut répondu par un refus absolu de faire aucune concession et il leur donna l'assurance que s'ils voulaient l'immunité (droits électoraux ?) ils ne l'auraient que par la force! Tout ceci se passait avant le « Raid Jameson ». La session du Volksraad en 1895, loin d'améliorer la position des Uitlanders, ne fit que l'aggraver et démontra, une fois de plus, que le gouvernement du Transvaal se refusait à apporter aucune amélioration ni réforme à leur situation. En 1895, les capitalistes de Johannesberg, qui s'étaient jusqu'alors tenus à l'écart, s'associèrent au parti en faveur des réformes, et à partir de ce moment, une révolution devint imminente. A la fin de cette année, le président Kruger prit une décision qui était en directe contravention aux conventions. Il ferma les gués ou passages par lesquels les marchandises étaient transportées, les chemins de fer du Cap, du Natal et de l'Etat Libre d'Orange. Son intention était de forcer le transport de marchandises par les

voies ferrées du Transvaal viâ Delagoa Bay. Il fut informé
par le gouvernement impérial et celui du Cap que son
action étant en contravention avec les articles des conventions ultérieures ne serait pas tolérée et il dut abandon-
ner sa détermination. Dans la première semaine de 1896,
l'incident regrettable, connu sous le nom de « Jameson
Raid » eut lieu. Le télégramme de félicitations envoyé au
président Kruger par l'empereur d'Allemagne, sur la vic-
toire des Boërs à Doornkop, tendit à confirmer les ru-
meurs courantes dans l'Afrique du Sud, d'une certaine
entente secrète entre l'Allemagne et le Transvaal et à jus-
tifier, jusqu'à un certain point, les doutes qu'on avait
sur la bonne foi du président Kruger envers l'Angleterre. Néanmoins ces doutes furent dissipés et le président Kruger a dû se convaincre depuis que ni de la part
de l'Allemagne ni du Portugal, il ne pourrait entretenir
l'idée de recevoir d'encouragement dans aucun projet tendant à renverser la suprématie britannique dans l'Afrique
du Sud. Cependant il n'abandonna pas l'idée de républica-
niser l'Afrique méridionale ! Les commandes d'armes au
lieu de diminuer, ne firent qu'augmenter, et dans de
telles proportions que dans deux années l'équipement
aurait été complet.

Il ne faut pas confondre les Boërs du Transvaal avec les
populations « paisibles, patientes, laborieuses et religieu-
ses » que Sir Benjamin d'Urban décrit en 1837, comme
faisant partie de la grande émigration de la colonie du
Cap, dont la majorité s'établit dans l'État libre d'Orange
et du Natal, et qui ont *toujours* conservé de bonnes
relations avec la Grande-Bretagne. Les habitants de l'État
d'Orange se sont alliés aux Boërs dans le conflit actuel,
plutôt par affinité de races, que par la prétendue raison
de l'oppression exercée sur eux par le gouvernement

anglais. Il y eut, il est vrai, de temps en temps, des incursions de territoire de la part des Uitlanders, et la plus regrettable de ces incursions fut celle du Raid « Jameson », mais il faut admettre qu'ils étaient provoqués par les griefs et les conditions d'oppression et d'injustice sous lesquels ils vivaient. Ces contraventions aux conventions établies ont toujours été blâmées par le gouvernement de la Reine.

Nous reproduisons un article qui a paru le 30 mars 1900 dans un des principaux organes de la presse française et intitulé « *La Police, la Justice et la Loi à la* « *manière Boër* » : « Au Transvaal, la loi, c'est un instru- « ment pour favoriser ou opprimer un homme, que le « Volksraad fait dans une circonstance donnée. Si c'est « nécessaire, elle aura un effet rétroactif. Si des magis- « trats refusent d'appliquer de telles lois, on fera la loi « n° 1 de 1897 les obligeant de prêter serment d'obéissance « au président et donnant droit au président de révoquer « immédiatement les récalcitrants, les tièdes. Cette loi a « été appliquée au président de la Haute-Cour, M. Kotzé, « en février 1898. Avant cette loi, le président annulait « les jugements qui lui déplaisaient et faisait payer par le « Trésor public les amendes et les dommages-intérêts « dont étaient frappés les délinquants.

« Tel est le régime judiciaire et légal du Transvaal ; et « les légistes européens trouvent qu'il faut que les Uitlan- « ders soient les plus méprisables et les plus insociables « des aventuriers pour ne pas s'en montrer satisfaits ! « M. le Dr Kuyper déclare que le « mécontentement fac- « tice ne régnait que d'après les anglais » et il dit avec « dédain : « Examinez les cas dits Edgar, Lombard et de « l'amphithéâtre. Ces trois affaires ne sont que des algara-

« des de police », soit. Examinons comment M. Kruger et
« son gouvernement entendent la police :

Un cas suffit : « Le chef de la Justice et de la Police
« s'appelle le State-Attorney. Quand M. Esselen fut promu
« à ce poste, en 1895, il stipula qu'il aurait pleine liberté
« d'action. Il nomma comme chef de la police de sûreté
« un employé de l'administration du Cap, M. André Trim-
« ble. Celui-ci entendit prendre ses fonctions au sérieux.
« Aussitôt tous les voleurs et les recéleurs d'or, tous les
« fournisseurs d'alcool aux indigènes, s'adressèrent au
« président Kruger. Ils lui représentèrent que M. Trimble
« avait servi dans l'armée anglaise, qu'il touchait une
« pension du gouvernement du Cap, que sa présence était
« une injure pour les Boers qui étaient jugés indignes de
« fournir un chef de la police. M. Esselen ayant tenu
« ferme, fut révoqué et remplacé par un hollandais, le
« docteur Coster. A la place de M. Trimble, on remit
« comme chef de la sûreté, un individu qui avait déjà été
« révoqué et qui, depuis, l'a été de nouveau.

« Comme il ne faut pas compter sur la police pour
« arrêter les voleurs d'or, les directeurs de la « City and
« suburban Gold Mine C⁰ » résolurent, à leurs risques et
« périls, d'arrêter eux-mêmes les voleurs. Ils en saisirent
« deux, notoirement connus comme tels et porteurs d'or
« volé. Les voleurs se vantèrent immédiatement qu'il ne
« leur serait rien fait ; il fut loisible à l'un de s'échapper
« le lendemain ; l'autre bandit, bien connu, fut condamné
« à six mois de prison ; et M. Kruger, trouvant cette
« pénalité excessive, lui fit remise des trois quarts et le
« remit en liberté sans conditions.

« Les agents de police à Johannesberg, dans une ville
« presque complètement peuplée d'Anglais, ne savent pas
« l'anglais ; excellente manière d'assurer une bonne

« police. Ils sont choisis parmi les Boërs de la pire condi-
« tion, parmi lesquels se trouvent les descendants de
« déserteurs anglais et de femmes Kaffirs, d'où ce résultat
« qu'un certain nombre portent des noms anglais. L'agent
« de police Jones, qui tua Edgar, appartient à cette der-
« nière catégorie. Le meurtre d'Edgar est un petit fait.
« Seulement quand un fait de ce genre surgit, il révèle des
« choses si graves qu'immédiatement il provoque une
« émotion générale. Edgar était un ouvrier anglais qui
« résidait depuis longtemps à Johannesberg. C'était un
« homme d'une excellente tenue et très considéré. Dans
« la nuit du dimanche précédant le Noël de 1898, il ren-
« trait chez lui, quand il fut insulté par trois ivrognes. Il
« en jeta un par terre. Les deux autres appelèrent la
« police. Edgar était rentré chez lui. Quatre agents de
« police enfoncèrent sa porte et, au moment où Edgar se
« présentait l'agent Jones le tua d'un coup de revolver.
« Celui-ci fut arrêté le lendemain, mais immédiatement
« mis en liberté sur une caution de 200 livres sterling.
« Algarade de police », dit M. Knyper. L'émotion fut
« grande parmi les ouvriers anglais dont beaucoup con-
« naissaient Edgar ; et ce fut cette émotion qui fut encore
« aggravée par la parodie de justice qui suivit.
« Le state-attorney, M. Smutts, dit au représentant du
« gouvernement anglais, M. Fraser, qu'il vaudrait mieux
« poursuivre l'agent de police Jones pour homicide par
« imprudence plutôt que pour meurtre, mais qu'en tous
« cas qu'il y avait bien peu de chances pour qu'un jury
« Boër le condamnât. Un journaliste, M. Duma, directeur
« du « Critic », mit en cause le procureur général,
« M. Krause. Celui-ci poursuivit M. Duma pour diffama-
« tion, et alors ce magistrat, chargé de l'accusation, vint
« tout d'abord comme témoin, dans son affaire contre

« M. Dunn, affirmer qu'il ne considérait pas Jones comme
« coupable de meurtre ; non seulement il vint apporter
« cette affirmation, mais il fit comparaître le magistrat
« qui lui était subordonné, pour apporter un semblable
« témoignage. Ce n'était pas assez. Il fit venir, comme
« son témoin, l'accusé lui-même, pour dire que le procu-
« reur général avait raison de ne pas le poursuivre pour
« meurtre !! Une fois jouée, cette facétie macabre, le
« meurtrier pouvait se présenter en toute sécurité devant
« le jury Boër. Non seulement il fut acquitté, mais le
« président Kock, un nationaliste Boër qui avait réclamé
« sa place de juge, comme « fils du sol » ajouta au pro-
« noncé du jugement cette petite allocution: « J'espère que
« ce verdict montrera à la police comment elle doit com-
« prendre son devoir. » Ces aimables paroles ne parurent
« pas rassurantes aux Uitlanders ! M. Kruger supprima
« en même temps deux journaux : le « Critic », le « Star ».
« C'est l'affaire Edgar qui est l'origine de la pétition des
« 21.000 Uitlanders au gouvernement anglais, pour lui
« demander la protection qu'il s'était engagé à leur
« donner en vertu de la convention de 1884.
    « Les faits cités sont suffisants pour prouver que, sous
« le gouvernement de M. Kruger, il n'y a, au Transvaal,
« ni police, ni justice, ni loi. »

Il est impossible de ne pas sympathiser profondément
avec les Boërs dans la perte irréparable qu'ils viennent
d'éprouver. Leur général en chef, Piet Joubert, est mort
le 27 mars dernier, à la suite d'une maladie dont il souffrait
depuis quelque temps, à l'âge de 68 ans et 60 jours. Il
n'existe pas, probablement, parmi les chefs Boërs, un
homme qui sera plus regretté que le général Joubert.
C'était un homme doué d'idées libérales et progressives.

Comme ennemi, du moins dans la campagne actuelle, il a déployé une humanité et une certaine courtoisie au-dessus de toute critique. Ces traits saillants de son caractère ont du reste été appréciés par son adversaire principal, Sir George White, et cette appréciation est universellement partagée. Pietrus Jacobus Joubert naquit en 1834, à Cango, province du Cap. Il fut orphelin de bonne heure. Il eut peu d'instruction, mais étant doué d'une intelligence et d'une énergie rares, il fit bientôt son chemin. Les Boërs sont composés de races mixtes. Le président Kruger est d'origine allemande, tandis que le général Joubert, comme son nom l'indique du reste, est d'origine française. Les ancêtres de Joubert étaient des Huguenots qui émigrèrent et quittèrent la France, lors de la révocation de l'Édit de Nantes ; ils étaient originaires de la Bretagne. Joubert débuta comme commerçant et plus tard s'établit près de Wakkerstroom, comme fermier éleveur. Il réussit dans ses spéculations de terrains et amassa une fortune considérable. Il étudia la jurisprudence, et par son intelligence, son énergie et sa persévérance, il devint un des principaux magistrats de son pays. Il fut, plusieurs fois, le rival de M. Kruger, aux élections présidentielles.

Reims, Avril 1900.

Reims. — Imprimerie Ch. Laroche.

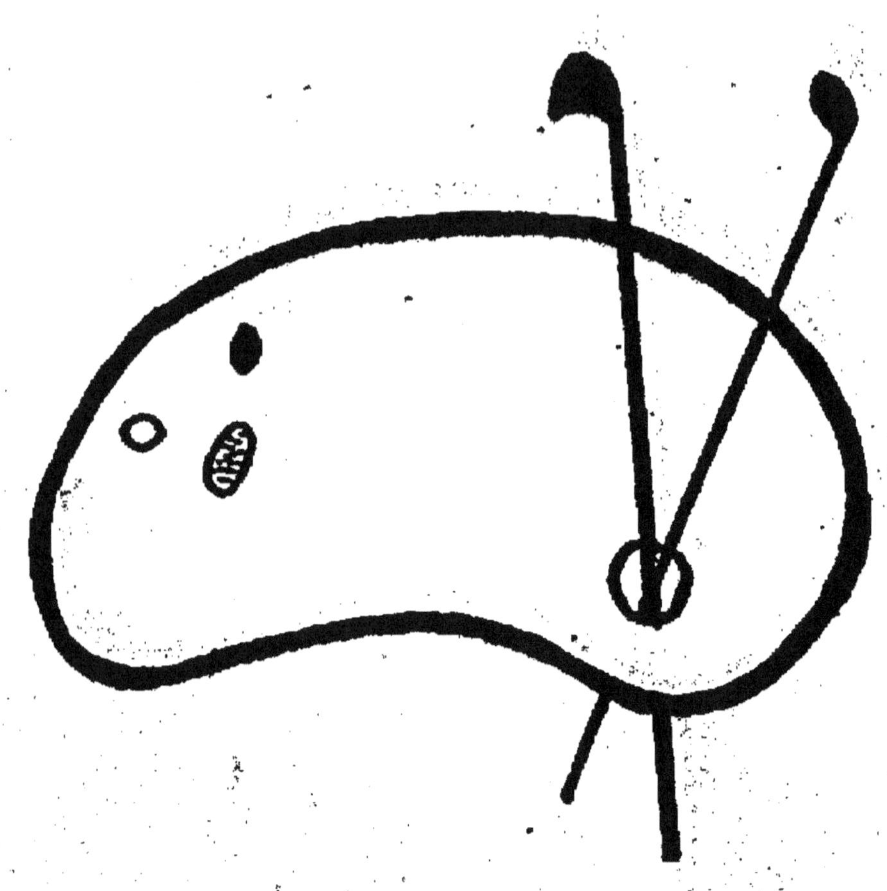